WIE MAN WAHRE FINANZIELLE FREIHEIT ERREICHT

WIE MAN WAHRE FINANZIELLE FREIHEIT ERREICHT

Inhalt

Kapitel 1: Was finanzielle Freiheit bedeutet

Kapitel 2: Realitäten der finanziellen Unabhängigkeit

Kapitel 3: Beginnen Sie Ihre Reise in die finanzielle Freiheit

Kapitel 4: Tipps zur Gewährleistung eines erfolgreichen Plans für finanzielle Unabhängigkeit

Kapitel 5: Auf dem Weg zur finanziellen Unabhängigkeit

Kapitel 6: Neue Trends in der Finanzverwaltung

Kapitel 7: Geldangelegenheiten

Kapitel 8: Unterscheidung zwischen Wünschen und Bedürfnissen im Leben, um finanzielle Freiheit zu erlangen

Kapitel 9: Die Organisation Ihrer Schulden für finanzielle Freiheit

Kapitel 10: Sechs Wege, Kindern etwas über Geld und Finanzmärkte beizubringen

Kapitel 11: Finanzielle Unabhängigkeit für Senioren

Kapitel 12: Finanzielle Unabhängigkeit und Ruhestandsplanung

Kapitel 13: Freiheit hat einen Preis

Kapitel 14: Ziele für finanzielle Unabhängigkeit setzen

Kapitel 1: Was finanzielle Freiheit bedeutet

Im 21. Jahrhundert werden die Begriffe Zeit und Geld neu definiert. "Finanzielle Freiheit", ist ein Begriff, der im sich wandelnden Finanzszenario sehr an Bedeutung gewonnen hat.

"**Finanzielle Freiheit**" bedeutet die Freiheit von laufenden finanziellen Verantwortlichkeiten durch geplantes Management und Vermögensallokation. Sie befreit eine Person von einer anstrengenden Arbeit, indem sie ihr ein Leben lang eine stabile Einkommensquelle bietet.

Man sollte nicht denken, dass eine schuldenfreie Person auch schuldenfrei ist.

Ihre umsichtige Vermögensverwaltung stellt jedoch sicher, dass ihre Schulden nicht zu einer Last werden, sondern nur ein Teil ihrer Gemeinkosten. Auf diese Weise stehen Ihre Schulden Ihren langfristigen finanziellen Zielen nicht im Wege.

Finanzielle Freiheit kann nicht mit Reichsein gleichgesetzt werden. Es sollte nicht vergessen werden, dass überschüssiger Reichtum eine ständige Überwachung erfordert. Auf lange Sicht machen die Verpflichtungen eines reichen Mannes ihn nicht "**finanziell frei**" im eigentlichen Sinne.

So kann finanzielle Freiheit als ein Lebensstil definiert werden, der Ausgaben und Einnahmen nach individuellen Vorlieben mischt.

Dies macht "**finanzielle Freiheit**" möglich und bequemer.

Finanzielle Freiheit ist Freiheit der Zeit

"**Zeit ist Geld**", so lautet der allgemeine Glaube in der Berufswelt. Diese Haltung lässt keinen Raum für Freizeit. Die finanzielle Freiheit hat jedoch dieses Konzept der Arbeit verändert, indem sie es einer Person erlaubt, Freizeit zu genießen, ohne ihr stabiles Einkommen in irgendeiner Weise zu behindern.

Das gesamte Konzept der "finanziellen Freiheit" basiert auf Vermögenswerten und Investitionen, die im Laufe der Zeit kombiniert werden, um Geld zu generieren. Sie kümmert sich um die regelmäßigen Ausgaben und lässt einer Person Zeit und Geld in der Hand. Eine finanziell unabhängige Person ist frei von den Fängen der Routinezeit für Geld.

Finanzielle Freiheit erreichen

Um "finanzielle Freiheit" zu verstehen, muss man sich von den traditionellen Konzepten von Einnahmen und Ausgaben lösen.

Man hat uns beigebracht, dass rechtzeitige Arbeit Geld bringt. Finanzielle Freiheit" ist gegen dieses Konzept, Zeit gegen Geld einzutauschen und Geld für uns arbeiten zu lassen. Trotz dieses Vorteils fällt es vielen Fachleuten jedoch schwer, ohne eine feste Routine zu arbeiten.

Um finanzielle Freiheit zu erlangen, muss man daher ihre alte Mentalität ändern und eine neue Einstellung zum Geldverdienen entwickeln. Man muss erkennen, dass Geld nur Mittel zum Zweck ist.

Man darf auch nicht vergessen, dass ein Mensch nicht nach dem Geld, das er besitzt, beurteilt werden kann. Wenn diese

Missverständnisse nicht aufgeklärt werden, wird der Zweck der finanziellen Freiheit verfehlt, denn Zufriedenheit ist das Schlüsselwort für finanzielle Freiheit.

Ebenso muss man auch die negative Einstellung zum Geldverdienen loswerden. Während eine übermäßige Nachfrage nach Reichtum ein gesundes Verhältnis zu den Finanzen schwierig macht, ist eine gesunde Wahrnehmung des Geldes notwendig, um ein übermäßiges Gleichgewicht aufrechtzuerhalten. Denken Sie daran, dass man Geld verdient, um Ziele zu erreichen, und dass es daher gesund und normal ist, Geld zu verdienen, solange man ein ethisches Bedürfnis dazu hat.

Letztendlich kann man sagen, dass finanzielle Freiheit die Geisteshaltung ist, die durch einen Prozess der Selbstbefreiung auf Entwicklung hinarbeitet.

Kapitel 2: Realitäten der finanziellen Unabhängigkeit

Unabhängigkeit ist ein Seinszustand, den jedes Lebewesen zu erreichen und für immer zu erhalten trachtet. Von dem Moment an, in dem ein Kind die Schule betritt, wird ihm zu verstehen gegeben, dass das Wissen, das es von diesem Zeitpunkt an erwirbt, dazu dient, seine Intelligenz zu nutzen, um seine eigene Zukunft zu gestalten.

Wenn man bei seinen Eltern lebt, neigt man dazu, viele Dinge als selbstverständlich zu betrachten. Sobald Sie anfangen, Ihren Lebensunterhalt zu verdienen, sind Sie mit zwei teuflischen Aspekten konfrontiert:

finanzielle Unabhängigkeit und Verantwortung.

Geld verdienen ist nicht genug. Viele Faktoren entstehen, wenn man (manchmal arrogant) beschließt, sich von der Familie zu trennen und in sein eigenes Haus zu ziehen. Es stimmt, dass Sie jetzt nicht mehr zweimal darüber nachdenken müssen, ob Sie dieses zusätzliche Paar Schuhe kaufen wollen; schließlich wartet kein Elternteil zu Hause, um auf das Paket in Ihrer Hand zu schauen.

Aber man muss an die Stromrechnung denken, die nächste Woche fällig wird, an die Telefonrechnung, die jetzt auf einem astronomischen Niveau zu liegen scheint, und an andere Ausgaben, die bezahlt werden müssen. Geld, das nach der Arbeitszeit verdient wurde, scheint in Vergessenheit geraten zu sein.

In der Wirtschaftswissenschaft lernen wir, dass ein Land nur durch Investitionen wächst. Und Investitionen sind das direkte Ergebnis von Einsparungen.

Ähnlich verhält es sich bei einer Einzelperson, deren finanzieller Status durch Ersparnisse wächst. Ein Teil dieser Ersparnisse kann in Aktien und Anleihen investiert werden. Und da Notfälle und Unfälle nicht mit Anhängern vor sich gehen, muss die Sicherheit bezüglich Kranken- und anderer Versicherungen gewährleistet sein.

Frauen in Indien sind seit langem finanziell von Männern abhängig: erstens als Tochter ihres Vaters, zweitens als Ehefrau ihres Mannes und dann als Mutter ihrer Kinder.

Dies hat ihnen zwar die Sorge um ihren Lebensunterhalt erspart, hatte aber auch seine Nachteile. Eine Ehefrau, die von ihrem Mann missbraucht wird, ist nicht in der Lage, ihn zu verlassen und sich selbst zu versorgen. Auch nach der Scheidung ist sie für den Unterhalt ihrer Kinder der Gnade ihres Mannes ausgeliefert.

Aber mit dem Wandel der Zeit weiß die moderne indische Frau ihren Lebensunterhalt zu bestreiten. Die Macht des Geldes manipuliert ihr Leben nicht mehr.

Von anderen zu leben, bringt Selbstverachtung und Spott mit sich. Deshalb sollte jeder auf finanzielle Unabhängigkeit hinarbeiten.

Kapitel 3: Beginnen Sie Ihre Reise in die finanzielle Freiheit

Um finanzielle Stabilität und Sicherheit im Leben zu erreichen, muss man langfristig planen und hart arbeiten. Aber um es Ihnen ein wenig leichter zu machen, hier sind die wichtigsten und bewährtesten Funktionen, die Ihnen helfen könnten, Ihre finanziellen Ziele zu erreichen.

Gesundheit ist Reichtum (passen Sie auf sich auf)

Dies mag unerheblich erscheinen, aber es ist sehr relevant. Eine gute Gesundheit stellt sicher, dass Sie nicht nur die physische und psychische Kraft haben, die Herausforderungen Ihres Lebens zu meistern und zu überwinden, sondern dass Sie auch dafür da sind, den Erfolg Ihrer Träume zu genießen.

Lassen Sie sich also regelmäßig von Ihrem Arzt untersuchen, treiben Sie regelmäßig Sport und achten Sie auf eine gesunde Ernährung. Und früh anfangen. Je weniger vorsichtig Sie jetzt sind, desto schwieriger wird es später sein, das wieder gutzumachen.

Definieren Sie Ihre Vision

Die Definition Ihrer Vision von Ihrer Arbeit und Ihrem Leben ist entscheidend für Ihren Erfolg. Was wollen Sie? Ist es finanzielle Unabhängigkeit, Ihr eigener Chef zu sein, mehr Sicherheit für Ihre Familie, eine solide Startrampe für Ihre Kinder? Was auch immer es ist, Sie müssen immer Ihre Vision im Fokus haben.

Verstärken Sie die Vision und Ihre Rolle in vielerlei Hinsicht, und suchen Sie in schwierigen Zeiten bei ihr nach Orientierung und Trost.

Investieren Sie Ihr Geld klug

Obwohl Ihr Grundeinkommen aus Ihrer derzeitigen Tätigkeit stammen sollte, sollten Sie sich nicht darauf beschränken. Sie sollten versuchen, Ihr Einkommen zu erhöhen, indem Sie Ihr Geld klug und gewinnbringend anlegen. Sie könnten ein Unternehmen finanzieren oder gründen, das Ihnen am Herzen liegt; andernfalls könnten Sie in sichere Marktoptionen investieren.

Sparen Sie Ihr Geld

Eine gute Möglichkeit, ein solides finanzielles Fundament zu schaffen, ist die Übernahme der alten Sparmentalität. Legen Sie regelmäßig einen bestimmten Prozentsatz Ihres Einkommens für Ersparnisse beiseite, und legen Sie dieses Geld jeden Monat beiseite, jedes Mal, wenn Sie Gelder erhalten oder ausgezahlt werden.

Eine bequeme Möglichkeit, zwanghafte Käufe und die Falle einer schlechten Haushaltsführung zu vermeiden, besteht darin, immer daran zu denken, zuerst Ihr Sparkonto zu bezahlen.

Dadurch werden unnötige Ausgaben vermieden und eventuell auftretende Eventualitäten abgedeckt. Obwohl die Verzinsung eines Sparkontos niedriger ist als bei einigen anderen Anlagen, ist das Zurücklegen von Ersparnissen die sicherste Option.

Machtmerkmal - Verteilen Sie Ihr Geld mit Bedacht

Differenzieren Sie innerhalb Ihrer Ausgaben und vermeiden Sie Fremde. Fragen Sie sich vor jedem Kauf, ob Sie es wirklich brauchen. Bleiben Sie sich selbst und Ihrer Vision treu: "Brauche ich das wirklich?" Diese Frage können nur Sie beantworten, aber Sie müssen sich selbst und Ihrer Vision von finanzieller Unabhängigkeit treu bleiben.

Kapitel 4: Tipps zur Gewährleistung eines erfolgreichen Plans für finanzielle Unabhängigkeit

Selbst wenn Sie eine Reihe von Finanzplänen für sich selbst festgelegt haben, ob es sich nun um Marktinvestitionen, Immobilien oder Ruhestand handelt, sollten Sie versuchen, diese Pläne zu koordinieren, um Ihr Einkommen zu maximieren.

Um Ihnen dabei zu helfen, dies zu erreichen, hier die 7 entscheidenden Schritte für eine Finanzplanung, die es Ihnen ermöglicht, Ihre Ziele in dem von Ihnen gewünschten

Zeitrahmen, mit Steuervorteilen und minimalem Risiko zu erreichen:

1) Bargeldreserven für den Notfall: Legen Sie immer 3-6 Monate Ihres Gehalts auf einem Konto ab, von dem Sie kurzfristig Geld abheben können, ohne dass Ihnen dadurch Nachteile entstehen. Für unerwartete kurzfristige Ausgaben sollten Sie versuchen, die Verwendung von Kreditkarten zu vermeiden und stattdessen dieses Bargeld zu verwenden.

2) Risikomanagement: Versicherungen sind die sicherste Form des Risikomanagements. Versichern Sie deshalb Ihr Auto, Ihr Haus und andere wichtige Vermögenswerte. Sie können auch eine Lebensversicherung in Betracht ziehen, um im Falle Ihres Todes Einkommensverluste auszugleichen und Schulden zu begleichen. Während Sie Ihre Versicherungsoption abschließen, wählen Sie immer die Art der Versicherung, die Ihren Bedürfnissen entspricht, und ermitteln Sie die benötigte Deckungssumme, die für Sie erschwinglich ist.

3) Nachlassplanung: Die grundlegenden Merkmale eines Nachlassplans sind ein Testament und eine dauerhafte Vollmacht, um für Ihre medizinische und finanzielle Versorgung zu sorgen. Bei größeren Nachlässen benötigen Sie möglicherweise auch einen Living Trust, eheliche Trusts und wohltätige Rest-Trusts. Diese stellen sicher, dass Ihr Vermögen erhalten bleibt und an künftige Generationen weitergegeben wird.

4) Zielfestlegung: Dies ist der Rahmen für die Koordinierung Ihres Finanzplans. Wann immer Sie ein Investitionsangebot erhalten, beziehen Sie es auf Ihre finanziellen Gesamtziele. Fragen Sie sich, ob es für Ihre Ziele "förderlich" oder produktiv ist und "dazu" passt. Dieses Engagement für Ihre Ziele wird Ihnen helfen, sich langfristig zu konzentrieren.

5) Investitionen: Sie benötigen einen personalisierten Anlageplan, um Ihre Ziele zu erreichen und das Risikoelement innerhalb der von Ihnen als akzeptabel erachteten Grenzen zu halten. Ohne dies werden Ihre Investitionen eher den Launen der Wirtschaft unterworfen sein, als dass sie sich nach Ihren Bedürfnissen richten.

6) Ruhestandspläne: Das Einkommen zur Ergänzung Ihrer Sozialversicherung stammt aus beitrags- und leistungsorientierten Plänen. Versuchen Sie während Ihres Arbeitslebens, so viele Jahresbeiträge wie möglich in diese beitragsorientierten Pläne einzuzahlen. Diese Mittel wachsen durch Steueraufschub rasch an, und da sie direkt von Ihrem Gehalt bezogen werden, sind sie relativ schmerzlos.

7) Steuerplanung: Das bedeutet, dass Sie alle möglichen Steuerabzüge und steuerbegünstigten Pläne nutzen müssen, die Ihnen das Gesetz erlaubt, sowie

Steuergutschriften nutzen müssen, wo immer Sie dazu berechtigt sind. Ein guter Steuerplan kann Ihnen Tausende von Steuergeldern sparen.

Wenn Sie das Gefühl haben, dass Sie all dies nicht allein bewältigen können, wenden Sie sich an einen bezahlten Finanzberater oder Finanzcoach, um einen umfassenden Plan entsprechend Ihrem Vermögen und Ihren Bedürfnissen zu entwerfen.

Denken Sie daran: Ihre finanzielle Sicherheit hängt davon ab, dass diese einzelnen Schritte zur Schaffung von Wohlstand richtig koordiniert werden.

Kapitel 5: Auf dem Weg zur finanziellen Unabhängigkeit

Viele von uns können über finanzielle Unabhängigkeit sprechen, aber die Frage ist, wie viele von uns sie tatsächlich erreichen.

Nur sehr wenige Prozent von uns wissen, wie man einen soliden Plan erstellt, und noch weniger sind in der Lage, bei der Ausführung des Plans diszipliniert vorzugehen.

Seien Sie vorsichtig und überlegen Sie sich ein Geldmanagementprogramm, das Ihnen helfen wird, finanziell unabhängig zu werden.

Jede Art der Finanzplanung beginnt mit einer ordnungsgemäßen Geldverwaltung. Achten Sie bei der Ausarbeitung Ihres Plans darauf, dass Sie an zwei wichtigen Aspekten arbeiten.

Erstens sollten Sie sich mit der Frage befassen, wie Sie den Fonds finden können, der Ihre Pläne unterstützt, und zweitens sollten Sie das Geld so planen, dass Ihre Ziele erreicht werden.

Dieses Geld wird Ihnen helfen, die für Sie wichtigen Gelegenheiten zu behalten. Sie werden vielleicht ein wenig überrascht sein, dass jeder von uns eine Art von Geldmanagement betreibt.

Es gibt verschiedene Methoden, um ein gutes Geldmanagement durchzuführen. Es ist wichtig, dass Sie einen organisierten Ansatz für den Plan haben und dass Sie das meiste aus dem Geld herausholen. Konzentrieren Sie sich darauf, Ihre Ausgaben zu ermitteln, damit Sie genau wissen, wie viel Sie investieren müssen.

Wenn Sie sich ein Ziel setzen, erhalten Sie damit einen Investitionszweck. Ihre Pläne können sich überschneiden, seien Sie sich also bewusst, dass sich Ihre Ziele überschneiden können.

Beispielsweise kann sich Ihr Pensionsplan mit Ihrem Investitions- und Geldmanagementplan überschneiden.

Inzwischen sollten Sie erkannt haben, dass Geldmanagement für zukünftige finanzielle Ziele wichtig ist.

Bitte halten Sie sich an einen realistischen Geldmanagementplan. Überlegen Sie, wie Sie die Mittel erreichen würden. Ihre Ziele sollten spezifisch sein. Priorisieren Sie Ihre Ziele, um den Weg leichter zu machen.

Wir lassen uns oft von ein paar vorgefassten Vorstellungen wie dem Leben im Augenblick täuschen.

Wir sind uns nicht bewusst, dass eine Zukunft auf uns wartet. Es ist wichtig, einen organisierten Ansatz zu haben.

Wenn Sie keinen organisierten Ansatz haben, könnten Sie in Schwierigkeiten geraten.

Sie müssten zusätzliche Steuern zahlen. Sie würden sich unnötig finanziellen Risiken aussetzen.

Fehlende Mittel für die Hochschulbildung Ihrer Kinder. Unsicheres Altern durch mangelnde Planung

Und genau das Gegenteil wäre der Fall, wenn zum richtigen Zeitpunkt ein organisierter Geldmanagementplan erstellt würde.

Das beste Ergebnis eines ordnungsgemäßen Geldmanagements ist, dass Sie in der Lage sind, sowohl lang- als auch kurzfristige Ausgaben zu decken.

Kapitel 6: Neue Trends in der Finanzverwaltung

Die wirtschaftliche Unsicherheit nimmt in den Herzen der Menschen rapide zu, die angesichts der steigenden Lebenshaltungskosten und des Mangels an gut bezahlten Arbeitsplätzen kurz vor dem Bankrott stehen und ihre Aufmerksamkeit auf Alternativen auf dem Markt richten, die ihnen helfen, für sich und ihre Familien zu sorgen.

Daher suchen viele nach einer sekundären Einkommensquelle oder nach Planungssicherheitsmaßnahmen, die sie in einer finanziellen Notlage wie dem Verlust ihres Arbeitsplatzes unterstützen.

Andere, die bereits unter sozialen Trends leiden, versuchen verzweifelt, über die Runden zu kommen, und suchen nach einer Gelegenheit, ihre Karriere wieder aufzunehmen. Es gibt auch andere, die es nach den Richtlinien des Marktes geschafft haben, Geld zu akkumulieren, und die versuchen, aus ihrem guten Lauf Nutzen zu ziehen, in der Hoffnung, dass ihre zukünftigen Jahre sicher sein werden.

Dienstleistungen mit hoher Nachfrage

Deshalb ist es sehr wichtig, die richtige Art und den richtigen Beruf zu wählen.

Ob es sich nun um ein Unternehmen vom Typ "sit at home" oder um ein strenges Feldunternehmen handelt, nichts anderes sichert den Erfolg als die Marktnachfrage, selbst inmitten einer großen Wirtschaftskrise.

Da die heutige Welt vollständig von den Mächten der Technik, insbesondere dem Computer, beherrscht wird, ist es ein sicherer Weg zum Erfolg, einen Job zu haben, bei dem man die Übel seiner Arbeit, wie Identitätsdiebstahl und allgemeine Computerprobleme, im Griff hat.

Genau wie Autos werden sie täglich benutzt, aber die Menschen wissen nicht, wie sie sie warten und kontrollieren sollen. Wenn also mit Computern etwas schief geht, egal wie widrig die Situation auch sein mag, werden sie sehr gefragt sein.

Die besten Erfolgschancen

Während also jeder mit ein wenig Glück und Forschung Erfolg haben kann, haben Menschen mit Erfahrung in Informationsdiensten, Verkauf und Werbung oder Amateure eine garantierte Erfolgschance.

Noch günstiger sind die Möglichkeiten für Einzelunternehmer kleiner Unternehmen, da sie diese Produkte auf ihrer Website verwenden können, um mehr Geld zu verdienen.

Wo Sie suchen können

Wenn Sie auf der Suche nach einem gesunden Sieg sind, dann ist die beste Option für Sie eine partnerschaftliche Zusammenarbeit mit einem soliden und angesehenen Unternehmen, das Ihnen hilft, Ihre Gewinne zu maximieren und Sie auf Ihrem Weg in eine sichere und wirtschaftliche Zukunft zu begleiten.

Aber bevor Sie eine Partnerschaft eingehen, sollten Sie die Erstattungspläne und Unterstützungssysteme des Unternehmens

analysieren, damit Sie das beste und sicherste Geschäft von diesem Unternehmen erhalten.

Kapitel 7: Geldangelegenheiten

Mit dem rapiden Anstieg der Kosten und des Lebensstandards wird der Bankrott zu einem ziemlich häufigen Phänomen - Darlehen, Kreditkartengebühren, Honorare usw. - die Liste geht weiter. Wenn Sie nicht wissen, wie Sie mit Ihren Finanzen umgehen sollen, und sich der Stress aufbaut, haben Sie vielleicht das Gefühl, dass die Anmeldung eines Konkurses der einzige Ausweg ist.

Es ist wichtig zu verstehen, dass dies Ihr letzter Ausweg sein sollte.

Davor sollten Sie es mit Beratungs- und Debitkartenverwaltungsdiensten und einer besseren Haushaltsführung versuchen.

Sie können sich auch über Schuldenbereinigungspläne informieren und prüfen, ob sie für Sie geeignet sind. Holen Sie sich einen Berater, der Ihnen bei der Suche nach Dingen hilft. Aber denken Sie daran, dass ein Schuldenbereinigungsplan Ihnen nur eine Pause verschaffen wird. Es wird nicht real sein, und es wird all Ihre Probleme verschwinden lassen.

Sie sollten einen Berater mit ausreichender Erfahrung finden. Es ist eine gute Idee, sich Referenzen von Personen einzuholen, die Sie kennen. Der Schuldnerberater wird mit Ihren Kreditgebern verhandeln, um Ihre Gebühren und Zinssätze zu senken.

Zweitens wird er oder sie Ihnen auch dabei helfen, alle Ihre Schulden in einem Betrag zu konsolidieren. Auf diese Weise müssen Sie sich nicht um die Verwaltung Ihrer Zahlungen kümmern. Sie müssen nur einen fälligen Betrag bezahlen. Er/sie wird Ihnen helfen, Ihre Unterlagen und Anträge in Ordnung zu bringen. All dies kann Ihnen helfen, Ihre finanzielle Position in relativ kurzer Zeit wiederherzustellen.

Natürlich gibt es einige Mindestanforderungen, um in das Programm aufgenommen zu werden. Wenn Sie sich für das Programm qualifizieren, wird Ihr monatliches Budget durchgestrichen und ein erforderlicher Geldbetrag für Ihre Zahlungen reserviert. Die Systematisierung der Dinge wird Ihnen helfen, wieder auf den richtigen Weg zu kommen.

Wenn Sie es leid sind, die Rechnungen zu bezahlen, die sich vor Ihrem Gesicht auftürmen, ist es an der Zeit, Ihr Leben ein wenig umzudenken. Die Einschreibung in das oben genannte Programm ist ein guter erster Schritt. Sie wird Ihnen eine neue und positive Richtung in Ihrem Leben geben.

Es ist von entscheidender Bedeutung, dass Sie Ihre Kredite richtig verwalten, und wenn Sie es nicht selbst tun können, sollten Sie nicht zögern, um Hilfe zu bitten. Es ist wichtig, diese Dinge richtig zu tun, wenn man nicht alles, was einem wichtig ist, aufs Spiel setzen will.

Geldmanagement ist eine sehr wichtige Fähigkeit. Es muss einem beigebracht werden, wie wichtig es ist, Geld zu sparen und von Anfang an ein Budget zu planen. Seien Sie vorsichtig mit den Schritten, bevor Sie diese Lektionen auf die harte Tour lernen müssen.

Wenn Sie jedoch in Schwierigkeiten geraten, sollten Sie nicht zweimal darüber nachdenken, einen Schuldnerberater zu engagieren. Sie werden Ihnen einen Plan für Ihre spezifischen, persönlichen Bedürfnisse geben. Wählen Sie Ihren Plan mit Bedacht.

Einer der beliebtesten Pläne kann Sie in nur fünf Jahren finanziell wieder auf die Beine bringen.

Aber denken Sie daran, man muss sich aus Schwierigkeiten heraushalten wollen und sich aus ihnen heraushalten.

Man muss den festen Willen haben, seine Finanzen in Ordnung zu halten und nicht mit Dingen zu prahlen, die man sich am Ende nicht leisten kann.

Wenn Sie eine zweite Chance für Ihr finanzielles Leben erhalten, sollten Sie sie nicht vergeuden. Lernen Sie, in Geldangelegenheiten umsichtig zu sein, bevor es zu spät ist.

Kapitel 8: Unterscheidung zwischen Wünschen und Bedürfnissen im Leben, um finanzielle Freiheit zu erlangen

Finanzielle Freiheit und Sicherheit entstehen, wenn man seine Bedürfnisse und Wünsche klug reguliert.

Geld bietet Sicherheit, aber es nimmt einem auch die Sicherheit, wenn es für die falschen Dinge ausgegeben wird. Um mit diesem Paradoxon umzugehen, ist es notwendig, die grundlegenden Unterschiede zwischen Bedürfnissen und Wünschen im Leben zu verstehen und zu verfolgen.

Es ist wichtig, mit Geld so umzugehen, dass man nicht betteln und sich von jemand anderem Geld leihen muss, wenn es knapp wird. Diese Situationen lassen sich vermeiden, wenn Sie auf bestimmten Luxus im Leben verzichten und sich stattdessen darauf konzentrieren, Geld zu sparen, um die Grundbedürfnisse des Lebens zu befriedigen.

Wenn Sie nicht genug Geld haben, um ein normales und bequemes Leben zu führen, werden Sie am Ende ein gehemmtes und unangenehmes Leben führen. Außerdem werden Sie am Ende die falsche Arbeit machen, und das wird Sie unglücklich und unzufrieden machen. Wenn es keine Sicherheit in Ihrem Leben gibt, werden Sie auch in Ihrem Leben weniger aktiv werden. Sie wird Sie auch daran hindern, das zu tun, was Sie im Leben wirklich tun wollen, Ihre Möglichkeiten einschränken und Ihren Lebensstil einschränken.

Der Luxus des Lebens kann weitgehend vermieden werden, solange die Grundbedürfnisse vorhanden sind. Luxus ist eine Zugabe und kann einige Zeit warten, solange wir genug Geld in der Tasche haben.

Dies mag vielen Menschen einschränkend erscheinen. Sie könnten sogar argumentieren, dass es keinen Sinn macht, auf eine fantastische Zukunft zu warten, wenn man Geld hat, um all seine Bedürfnisse und Wünsche zu befriedigen. Zunächst einmal müssen Sie verstehen, dass Geld Ihnen im Leben nichts garantieren kann.

Geld ist kein Selbstzweck. Es liegt an jedem Einzelnen, mit Geld klug umzugehen, um seine Ziele zu erreichen. Sie müssen streng mit Ihrem Geld sein und es nur für Dinge ausgeben, auf die Sie nicht verzichten können.

Diese Logik gilt nicht nur für Erwachsene, sondern auch für Studenten und Kinder. Der Wert des Geldes muss schon in sehr jungen Jahren wahrgenommen werden, damit sich nicht Ihre ganze Welt um das Geldverdienen dreht. Es gibt andere Dinge im Leben, die nicht nur Geld sind.

Wenn Sie genau wissen, was Sie wollen und was Sie im Leben werden wollen, dann können Sie daran arbeiten, es zu bekommen und Dinge herauszuholen. Sobald Sie finanziell abgesichert und unabhängig sind, können Sie Ihr Leben so leben, wie Sie wollen.

Das bedeutet nicht, dass Sie ein luxuriöses Leben führen und Geld für unerwünschte Dinge ausgeben. Wenn Sie den Unterschied zwischen Wünschen und Zielen berücksichtigen, können Sie ein erfülltes und ungehindertes Leben führen.

Kapitel 9: Die Organisation Ihrer Schulden für finanzielle Freiheit

Die jüngsten von der Federal Reserve, der Organisation, die alle monetären Angelegenheiten in den Vereinigten Staaten verfolgt und aufzeichnet, veröffentlichten Daten zeigen, dass die Amerikaner mehr als zwei Billionen Dollar auf ihren Kreditkarten schulden und dass die Gesamtverschuldung jeder Person im Land mehr als siebentausend Dollar beträgt.

Diese erschreckenden Zahlen der Kreditkartenschulden in den USA werden zwangsläufig alle betreffen. Welche

Lösungen gibt es also? Sie könnten damit beginnen, die folgenden Vorschläge zu befolgen, die Ihnen helfen werden, Ihre finanziellen Verpflichtungen effektiv zu verwalten: Organisieren Sie Ihre ausstehenden Schulden - Beginnen Sie mit einer Bestandsaufnahme aller revolvierenden Verpflichtungen, die Sie haben. Dies würde alle Ihre Kredit- und Debitkarten einschließen. Tabellieren und erfassen Sie Ihre Verbindlichkeiten auf der Grundlage von Zahlungsplänen, Rechnungen usw. Die Buchhaltung für anwendbare Zinssätze berechnet den genauen Betrag, den Sie schulden.

Es ist wichtig, den Zinssatz für Ihre monatlichen Schulden zu kennen, da dies die laufenden Kosten sind, die Ihnen monatlich für Ihre laufenden Schulden entstehen. Daher ist es für Sie von Vorteil, wenn Sie den Kredit durch die Erhebung des höchsten Zinssatzes so schnell wie möglich zurückzahlen können.

Versuchen Sie also, während Sie Zahlungen leisten, so viel wie möglich an den Kreditgeber mit dem höchsten Zinssatz zu senden, auch wenn Ihnen dann nur die Mindestzahlungen für den Rest übrig bleiben. Auf diese Weise können Sie, sobald die Schuld mit den höchsten Zinsen getilgt ist, die gleiche Politik für das Darlehen mit dem nächsthöheren Zinssatz verfolgen.

Verhandeln Sie über niedrigere Zinssätze - versuchen Sie, ein makelloses Zahlungsverhalten aufrechtzuerhalten, und rufen Sie dann Ihre Kreditgeber an oder treffen Sie sich mit ihnen und bitten Sie sie, Ihren Zinssatz zu senken. Da es für Kreditgeber teuer ist, neue Kunden zu finden, werden sie, wenn Ihre Kreditwürdigkeit nachgewiesen ist, immer versuchen, Sie zu halten.

Daher werden die meisten Kreditgeber Kunden in gutem Ansehen schulden, dass sie in den Genuss der ermäßigten Sätze kommen. Sobald sie sich jedoch bereit erklärt haben, Ihren Zinssatz zu senken, müssen Sie darauf achten, dass Sie Ihre Rechnungen pünktlich bezahlen; andernfalls können sie die Fazilität zurückziehen und den geltenden Zinssatz wieder erhöhen.

Benutzen Sie Bargeld, wenn Sie können - Da es viel einfacher ist, eine Karte zu benutzen als Bargeld bei sich zu tragen oder Schecks auszustellen, gewöhnen sich die meisten von uns daran, Karten zu benutzen, auch wenn dafür Gebühren anfallen. Versuchen Sie also, die Gewohnheit zu kultivieren, einen Scheck auszustellen und bar zu bezahlen, anstatt instinktiv die Kreditkarte zu benutzen.

Denken Sie immer daran, dass ein Kreditkartenkauf kein Geschenk, sondern ein Darlehen ist. Seien Sie also gut beraten, wenn Sie die Karte benutzen: ziehen Sie es vor, die Karte überhaupt nicht zu benutzen, wenn Sie sich die Verantwortung nicht leisten können.

Denken Sie daran, dass es besser ist, nicht für alles auszugeben, als so viel auszugeben, dass es anfängt, Ihnen weh zu tun.

Wenn Sie in der Lage sind, Ihre Finanzen zu organisieren, Ihre Kosten zu minimieren und sie proportional zu Ihren Einnahmen zu gestalten, werden Sie sicher sein, Ihre Reisefinanzierung in Ordnung zu bringen und Probleme in der Zukunft zu vermeiden. Wenn man sich darauf konzentriert, ist finanzielle Freiheit keine so harte Arbeit, und sie ist alle Mühe wert.

Kapitel 10: Sechs Wege, Kindern etwas über Geld und Finanzmärkte beizubringen

Wenn Sie vorhaben, Ihrem Kind beizubringen, wie man mit Geld umgeht, dann beginnen Sie am besten damit, Ihre Schulden bald zu begleichen. Wenn Geld eine Rolle spielt, müssen Kinder Erfahrungen aus erster Hand machen. Wenn sie das tun, werden sie verstehen, was es braucht, um den Austausch durchzuführen.

Wenn Ihr Kind etwas von Ihnen will, geben Sie ihm das Geld, anstatt es zu kaufen. Sie müssen erkennen, dass es für Ihr Kind wichtig ist, mit Geld umgehen zu können.

Wenn ein Kind ein gewisses Alter erreicht hat, sollten Sie seine Neigungen erkennen und das Kind mit dem Geld allein zurechtkommen lassen. Lassen Sie das Kind seine Grundbedürfnisse, wie z.B. Schulmaterial, selbst kaufen. Aber stellen Sie sicher, dass das Kind seine Grenzen kennt. Als Betreuer sollten Sie seine Aktivitäten genau im Auge behalten.

Der nächste Schritt wäre, dass Sie als Vormund ein Budget für Ihre Kinder aufstellen. Kinder, egal wie jung sie sind, haben die Möglichkeit, ein Notizbuch zu führen, in dem sie das Geld, das sie haben, und das Geld, das sie ausgegeben haben, aufschreiben können.

Stellen Sie sicher, dass Ihre Kinder ihre zukünftigen Ziele kennen, und es ist Ihre Pflicht, dafür zu sorgen, dass sie diese Ziele erreichen.

Wenn Ihr Kind wächst und reift, eröffnen Sie ein Sparkonto für es - Sie werden überrascht sein, wie großartig das sein kann! Es ist sehr befriedigend zu sehen, dass sich die Zinseszinsen summieren. Bemühen Sie sich zusätzlich und zeigen Sie Ihrem Kind, wie das Konto wächst, indem Sie es grafisch darstellen. Und zeigen Sie ihm, wenn er so weitermacht, wie die Auszählung nach ein paar Jahren aussehen wird.

Lassen Sie sie eine wichtige Rolle spielen, während Sie einen größeren Einkauf tätigen, z.B. eine Spülmaschine oder ein Auto. Lassen Sie ihn wissen, dass der Forschungsaufwand, der in einen neuen Kauf einfließt Der Prozess des Rabattvergleichs und der Verhandlung ist wichtig, und Sie werden dies lernen. Vergewissern Sie sich, dass Ihr Kind am tatsächlichen Tag des Kaufs bei Ihnen ist.

Ihre Kinder werden privilegiert sein, wenn sie eine Gabe für die Geschäftswelt haben.

den Wert der Aktie zu erhöhen und im Laufe der Zeit, wenn sie anfangen, einige Aktien zu besitzen, könnte sich der Wert verbessern. Das Steigen und Fallen der Preise wäre für junge Investoren interessant. Wir schulden ihnen also volle Freiheit.

Kapitel 11: Finanzielle Unabhängigkeit für Senioren

Das von der Regierung initiierte Umkehrhypothekenprogramm war für viele Senioren ein Segen. Der Plan, der es Menschen ab 62 Jahren erlaubt, einen Teil des Eigenkapitals ihres Hauses gegen steuerfreies Geld einzutauschen, und der nicht zu Lebzeiten zurückgezahlt werden muss, macht es für sie bequem, ein erfülltes und unnachgiebiges Leben zu führen, selbst wenn der größte Teil des Landes von steigenden Ausgaben in allen Lebensbereichen geplagt ist.

Zudem vervielfachen sich die Auswirkungen solcher Ausgaben, wenn es um die ältere

Generation geht, da sie sich nicht nur mit Vermögenssteuern, sondern auch mit allgemeinen Ausgaben wie Gesundheit und Haushalt befassen müssen.

Dies führt dazu, dass das Leben der älteren Menschen alles andere als entspannt und friedlich wird.

Zunehmend hohe Grundsteuern werden zu einer Belastung für diese älteren Menschen. Besonders problematisch ist dies für Berufstätige im Ruhestand, für die zwei Monate Ersparnis einem geringen Betrag an fälligen Steuern entsprechen.

Dieses Steuerproblem wird zur Ursache dafür, dass viele von ihnen in ihren 20er und 30er Jahren wegen Zahlungsunfähigkeit ihr Zuhause verlassen. Hier war die Kaye Financial Corporation, eines der führenden Hypothekenunternehmen Michigans, eine große Hilfe für diese Senioren.

Angesichts der Tatsache, dass die meisten dieser Menschen gezwungen sind, von einem bestimmten Einkommen zu leben, sind sie gezwungen, bei wichtigen Faktoren in ihrem Leben Kompromisse einzugehen, um die Mieten für die Häuser zu bezahlen.

Aber jetzt mit diesem neuen Umkehrhypotheken-System können sie das zusätzliche Geld nutzen, um ein erfülltes Leben zu führen, ohne sich Sorgen machen zu müssen, wie sie die Mittel zum Überleben erhalten, auch nach der Pensionierung.

Dies ist besonders vorteilhaft, weil das Geld entsprechend den Bedürfnissen der Person bereitgestellt wird. Es kann in voller Höhe in großen Mengen, einmal im Monat oder bei Bedarf in kleinen Mengen versandt werden.

Auf diese Weise wird es für jeden entsprechend seinen Bedürfnissen vorteilhaft.

Da die meisten Darlehen für Senioren nicht zulässig sind, ist die umgekehrte Kreditvergabe eine beruhigende Nachricht für sie, da an die Antragstellung keine Einkommens-, Gesundheits- oder Altersvoraussetzungen geknüpft sind. Somit bieten solche Programme älteren Menschen ein Gefühl von Wohlbefinden, Freiheit und Sicherheit.

Darüber hinaus können sie das Geld aus diesem umgekehrten Hypothekenplan zur Zahlung von Steuern, Miete, Rechnungen und anderen Ausgaben wie der Hypothek verwenden, so dass sie ein Leben ohne Verpflichtungen führen können. Man kann also sagen, dass der umgekehrte Hypothekenplan dann das Beste ist, was diesen Senioren hätte passieren können, da sie nun in der Lage sein werden, ihr Leben im vollen Umfang ihrer Wünsche weiterzuleben.

Kapitel 12: Finanzielle Unabhängigkeit und Ruhestandsplanung

Finanzielle Unabhängigkeit ist für uns alle nach der Pensionierung unerlässlich. Wir alle wünschen uns ein komfortables und entspanntes Leben im Alter. Leider können die meisten von uns nicht die Art von Leben führen, die wir uns nach dem Ausscheiden aus dem Arbeitsleben wünschen, einfach aus Geldmangel.

In verschiedenen Situationen müssen die Menschen auch nach der Pensionierung weiterarbeiten, einfach um ihre Grundbedürfnisse zu befriedigen. Der unglückliche Umstand hätte mit einem gewissen Maß an sorgfältiger und einfacher

Vorbereitung und Investition anders aussehen können.

Diese Punkte können Ihnen die finanzielle Unabhängigkeit und das Leben ermöglichen, das Sie sich zu einem späteren Zeitpunkt gewünscht haben.

1. Die Position, die Sie am Ende anstreben - Denken Sie daran, dass der entscheidende Abschnitt eines jeden Alterungsplans darin besteht, die Position herauszufinden, die Sie im letzten Lebensabschnitt anstreben. Die meisten von uns haben keine Ahnung, was für ein Leben wir uns im Alter wünschen, und so stürzen wir uns in Altersprogramme, ohne uns ein richtiges geistiges Ziel gesetzt zu haben.

2. Wunschliste - Genauso wie Sie kein Auto fahren, ohne eine Ahnung zu haben, wohin Sie fahren wollen, planen Sie nicht, ohne nachzudenken. Wenn Sie eine

Ruhestandsregelung in Anspruch nehmen, listen Sie alle Pläne auf, die Sie nach Ihrem Ausscheiden aus dem Erwerbsleben haben möchten. Nennen Sie die Art des gewünschten Wohnsitzes, die Art des gewünschten Autos, die Art des gewünschten Lebens und so weiter. Verpassen Sie nichts. Schreiben Sie alles bis ins kleinste Detail auf.

3. Bewahren Sie das Blatt Papier an einem leichter zugänglichen Ort auf. Auf diese Weise können Sie es so gut wie möglich sehen. Dieser Prozess wird Ihnen nach und nach die Ziele für den Ruhestand und das Alter auf Ihrer mentalen Ebene setzen. Dann werden Sie nach und nach Konzepte zur Erreichung dieser Ziele entwickeln, indem Sie sie einfach nur sehen und geistig in Besitz nehmen.

4. Berechnen Sie das Geld, das für die Ziele benötigt wird - Berechnen Sie die Höhe der Mittel, die zur Verwirklichung der Ziele benötigt werden. Dann suchen Sie nach den Vermögenswerten und der Anlagepolitik, die Sie dorthin bringen können. Ich werde Ihnen vorschlagen, dass Sie sich mit allen Ruhestands- und Altersplänen vertraut machen. Dann werden Sie die Zukunft vollständig unter Kontrolle haben.

Die meisten von uns überlassen die verschiedenen Aspekte unserer Pensionspläne einer Geldverwaltungsgesellschaft.

Aber Sie kümmern sich selbst darum. Schauen Sie sich die Bücher an, die sich mit der Investitionspolitik und der Frage befassen, wie man Geld verdient.

Diese Punkte können Ihnen dabei helfen, in Ihren späteren Jahren ein finanziell freies Leben zu erreichen.

Kapitel 13: Freiheit hat einen Preis

Für jeden, der plant oder vorhat, ein Heimunternehmen zu gründen, gibt es einige grundlegende Bedingungen und Warnungen, die im Kleingedruckten stehen und über die potenzielle Anwerber nie viel sagen. Aber es ist unbedingt erforderlich, dass Sie diesen grundlegenden Wahrheiten die gebührende Aufmerksamkeit schenken.

Denken Sie zunächst daran, dass Sie immer einige Opfer bringen müssen. Sie werden Geld, Zeit und Energie aufwenden müssen, um ein Unternehmen auf den Weg zu bringen. Die meisten Personalvermittler geben die Gelegenheit falsch wieder, wenn sie darauf bestehen, dass jeder es tun kann, ganz zu schweigen von der hohen Misserfolgsquote.

Das bedeutet, dass Sie einen Teil oder den größten Teil der Zeit opfern müssen, die Sie sonst mit den Dingen verbringen würden, die Ihnen Spaß machen, oder in der Gesellschaft von Freunden und Familie. Dies wird zweifellos zu Stress und Ressentiments führen, und Sie müssen im Voraus darauf vorbereitet sein, mit den Folgen umzugehen.

Darüber hinaus werden Sie die zusätzliche Energie benötigen, die über Ihre normale Quote für Ihren regulären Beruf, Ihre Familie und Ihr Zuhause hinausgeht, um die Dinge zu tun, die für Ihr Unternehmen notwendig sind. Sie müssen also Ihre zusätzlichen Reserven anzapfen: Entwickeln Sie Ihren Erfolgswillen und bleiben Sie motiviert, indem Sie sich einreden, dass sich das Ganze auf lange Sicht lohnt.

Was die finanziellen Opfer anbelangt, so gibt es Möglichkeiten, die Belastung nach und nach aufzufangen oder sogar ganz zu beseitigen, aber im Voraus müssen Sie etwas Geld beiseite legen, um die Dinge in Gang zu bringen.

Die Strategie besteht darin, diese Opfer als etwas Positives und Produktives sehen zu können. Sie müssen also optimistisch sein und sie als Investitionen in Ihre Zukunft und Ihre Unabhängigkeit betrachten.

Bedenken Sie die Vorteile von Vorsicht und Stärke: Lassen Sie sich nicht durch anfängliche Misserfolge entmutigen, sondern lernen Sie daraus. Sie können Ihre Opfer und Misserfolge zur Grundlage Ihres Erfolgs machen.

Ihr Erfolg ist das, was Sie machen und sich selbst geben. Sie können es als Ihre Belohnung betrachten, als etwas, das bereits in Ihrem Namen getan wurde, aber Ihr Part ist es, es zu verdienen, es zu Ihrem zu machen. Gehen Sie also hinaus und suchen Sie nach Ihrem Erfolg, der darauf wartet, dass Sie ihn erreichen. Es wird Zeiten geben, in denen Sie getestet werden, aber Sie müssen die Zähne zusammenbeißen, die Fäuste ballen und zudrücken. In Zeiten wie diesen sollten Sie sich einfach allen negativen Elementen verschließen und darauf drängen, Ihr Ziel und Ihre Vision nicht aus den Augen zu verlieren. Das ist alles viel leichter gesagt als getan, aber es ist auch der lange, harte Weg zum Erfolg.

Kapitel 14: Ziele für finanzielle Unabhängigkeit setzen

Der erste Schritt, den Sie bei der Verwaltung Ihres Geldes tun sollten, ist, ein finanzielles Ziel zu haben. Das neue Jahr ist ein idealer Zeitpunkt, um Ihnen dabei zu helfen, einige wichtige Entscheidungen zu treffen. Es ist an der Zeit, Ihre finanziellen Ziele zu überprüfen. Ihre Ziele werden Ihnen helfen, mit Ihren Finanzen voranzukommen.

Sie sollten etwas haben, für das Sie jeden Tag arbeiten können. Sie sollten ein geplantes Budget haben und diese Ziele, die Sie sich gesetzt haben, als Ihren Fahrplan verwenden. Diese finanziellen Ziele motivieren Sie und ermutigen Sie zum Sparen. Ohne einen richtigen Plan ist es schwierig, irgendwo hinzukommen, deshalb ist es wichtig, gut geführt zu werden.

Wenn Sie kein finanzielles Ziel haben, werden Sie nie in der Lage sein, finanzielle Unabhängigkeit zu erreichen. Sie müssen den Finger auf die Dinge legen, die Sie erreichen müssen. Machen Sie eine Liste der Dinge, die Sie wollen. Ihre Liste kann mit dem ersten Schritt der Schuldenfreiheit beginnen; Sie können weiterhin schuldenfrei sein, indem Sie ein Alterskonto einrichten und genug sparen, um ein Eigenheim und andere Grundbedürfnisse zu finanzieren.

Lassen Sie sich von all dem nicht davon abhalten, alles aufzuschreiben, was Sie wollen und in Ihre Finanzplanung einfließen lassen wollen. Falls Sie auf der Suche nach neuen Möbeln oder einer Reise nach Europa sind, schließen Sie auch das mit ein.

Das sind Geldziele, die erreichbar sind. Achten Sie darauf, Ihre Wünsche zu priorisieren. Sie müssen sich bewusst sein, dass ein Schuldenerlass von höchster Dringlichkeit ist, während eine Tournee durch Europa warten kann.

Es gibt bestimmte Ziele, an denen wir ständig arbeiten, und es gibt einige, die darauf warten, dass bestimmte Ziele erreicht werden, bevor sie umgesetzt werden können. Es ist wichtig, Zeitvorgaben für die Erfüllung der Ziele festzulegen.

Nehmen Sie zum Beispiel an, dass bis zu Ihrem Eintritt in den Ruhestand noch etwa 25 Jahre vergehen können, so dass Sie in etwa 6 Jahren schuldenfrei sein wollen. Arbeiten Sie klug an Ihren Zielen. Denken Sie daran, dass Sie immer offen sind, sie zu ändern.

Ihr nächster Schritt würde darin bestehen, Ihre Ziele in kurzfristige Ziele aufzuschlüsseln. Wenn wir eine große Aufgabe in kleine Schritte aufteilen, hilft uns das, sie besser zu bewältigen. Das macht die Aufgabe leichter. Mal sehen, wie das funktionieren würde, um uns aus den Schulden zu befreien. Wir müssen eine Aufgabe nach der anderen erledigen.

Erfolg und Wohlstand!

Besuchen Sie unsere Website! Holen Sie sich weitere Bücher von MENTES LIBRES!

https://www.amazon.de/MENTES-LIBRES/e/B08274DDV4?ref_=dbs_p_ebk_r00_abau_000000

Wenn Sie möchten, können Sie Ihren Kommentar zu diesem Buch hinterlassen, indem Sie auf den folgenden Link klicken, damit wir uns weiter entwickeln können! Vielen Dank für Ihren Kauf!

https://www.amazon.de/dp/B0892SCHQJ

www.ingramcontent.com/pod-product-compliance
Lightning Source LLC
Chambersburg PA
CBHW051539240526
45465CB00027B/727